I0492400

DON'T HATE

.

HATER MOTIVATION

HATER MOTIVATION

HATER MOTIVATION

HATER MOTIVATION

HATER MOTIVATION

HATER MOTIVATION

HATER MOTIVATION

HATER MOTIVATION

HATER MOTIVATION

HATER MOTIVATION
101

HATER MOTIVATION

HATER MOTIVATION

TO DO LIST

FORGET THE HATERS